일러두기

글씨는 그 사람의 인격을 나타낸다고 하였다. 글씨를 아름답게 쓰고 싶은 마음은 누구나 갖고 있는 염원이라고 할 수 있다. 오늘날 기계문명의 발달로 각종 사무가 기계화·자동화되고 있지만, 일상생활 속에서 생기는 여러 가지 복잡한 관계와 상황의 처리는 손으로 직접 작성해야만 하는 경우가 많다.

글씨를 잘 쓰려면 우선 좋은 글씨본을 많이 감상하고, 그 글씨본에서 익힌 것을 자기 나름대로 독립해서 많이 써야 한다. 특히 과거의 습성화된 잘못된 버릇은 버리고 처음부터 차근차근 잘 써보겠다는 의욕을 가지고 습득해야만 한다.

무엇이든지 하루 아침에 이루어지는 것은 없다. 글씨 역시 잘 쓸 수 있다는 신념을 가지고 평소에 꾸준히 연습하고 익히는 길만이 아름다운 글씨체를 습득하는 최상의 지름길이다.

아무쪼록 이 책이 여러분의 글씨체 숙달에 있어 좋은 길잡이가 되기를 바라며, 아울러 일상생활에 많은 활용이 있기를 기대한다.

차 례

- 펜글씨의 바른 학습법 ———————— 2
- 글자의 짜임 ———————————— 3

▶정자체
- 정자체 모음쓰기 ·························· 4
- 정자체 자음쓰기 ·························· 5
- 정자체 경음쓰기 ·························· 8
- 정자체 받침쓰기 ·························· 9
- 정자체 겹받침쓰기 ······················ 10
- 정자체의 기본 연습 ···················· 11
- 정자체의 가로쓰기 연습 ·············· 19
- 정자체의 세로쓰기 연습 ·············· 39

▶흘림체
- 흘림체 모음쓰기 ························ 49
- 흘림체 자음쓰기 ························ 50
- 흘림체 경음쓰기 ························ 53
- 흘림체 받침쓰기 ························ 54
- 흘림체 겹받침쓰기 ···················· 55

- 흘림체의 기본 연습 ···················· 56
- 흘림체의 가로쓰기 연습 ·············· 64
- 흘림체의 세로쓰기 연습 ·············· 76

▶응용편
- 편지봉투 쓰기 ···························· 83
- 연하장·카드 쓰기 ······················ 84
- 경조 용어 쓰기 ·························· 85
- 청구서·영수증·수령증·차용증 쓰기 ··· 86
- 보관증·위임장·청첩장·각서 쓰기 ······ 87
- 소개장·휴가서·출장계·결근계 쓰기 ··· 88
- 예금 청구서·무통장 입금 의뢰서 쓰기 ·· 89
- 세금계산서·계산서 쓰기 ·············· 90
- 약속어음·당좌수표 쓰기 ·············· 91
- 숫자·전보 쓰기 ·························· 92
- 원고지 쓰기 ······························ 93
- 자기소개서 쓰기 ························ 94
- 이력서 쓰기 ······························ 95
- 전국 글씨 기능 검정 시험 요강 ······ 96

펜글씨의 바른 학습법

글씨는 그 사람의 인격을 나타낸다고 하였다. 아름다운 글씨를 쓰려면 먼저 바른 마음과 자세를 취해야 한다. 책상에 앉을 때에는 정숙한 마음으로 상체를 반듯하게 세우고, 안정감 있는 자세로 앉는다.

▶ 집필 방법

펜을 잡을 때에는 손끝에 너무 힘을 주지 말고, 펜대와 눈과의 거리는 20cm 이상으로 하는 것이 좋다. 펜글씨를 쓸 때 펜의 기울기와 선과는 엄밀한 관계가 있다. 펜을 잡는 위치에 따라 경사 각도가 변한다.

펜을 너무 세우면 가늘게는 쓸 수 있으나, 펜이 지면에 긁혀서 종이를 상하게 할 뿐 아니라 펜의 움직임에도 불편을 준다. 또 너무 뉘어서 쓰면 손목의 움직임이 둔하고 불안정하여 점, 획을 정확히 쓸 수 없다. 따라서, 펜의 경우에는 펜과 지면이 45~50도 정도 비스듬히 유지되도록 하면서 너무 힘을 주지 말고 가벼운 기분으로 손목을 움직여야 한다.

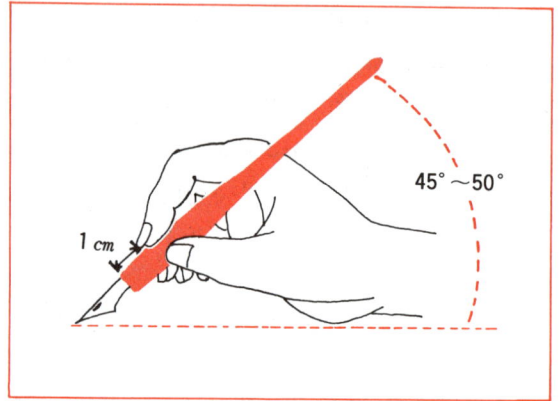

▶ 펜글씨의 용구

○ **펜촉** : 쓰기에 따라 여러 종류가 있는데, 보통 스푼펜을 사용한다. 스푼펜은 둥글고 위로 휘어져 있으므로 종이가 긁히지 않고 세울수록 가늘게 쓸 수 있으므로 사용하기가 편리하다.

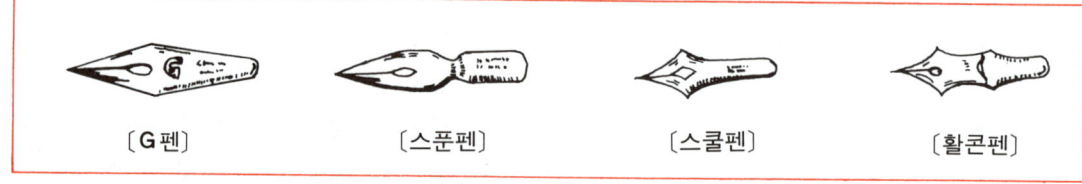

〔G펜〕   〔스푼펜〕   〔스쿨펜〕   〔활콘펜〕

○ **펜대** : 너무 굵거나 무거운 것은 피하고, 손에 알맞은 가벼운 것을 선택한다.
○ **종이** : 잉크가 번지지 않고, 너무 미끄럽지 않은 흰 모조지가 적당하다.
○ **잉크** : 일반적으로 널리 쓰이는 블루블랙 정도가 좋다.

▶ 펜글씨의 서체

○ **정자(해서)체** : 한 점, 한 획이 명확하므로, 읽기 쉽고 단정하나 쓰는 데 시간이 걸린다. 따라서, 학교에서 기초적 서사, 공문서, 증서, 문서 등을 작성하는 데 이 체를 많이 쓰고 있다.
○ **홀림(행서)체** : 홀림체는 아름답고 빨리 쓸 수 있기 때문에, 일상 생활에서 서신 등을 이 체로 많이 쓰고 있다.

✧ 그래도 지구는 돈다. — 갈릴레이

글자의 짜임

<	∧	◇	—	╲
저	고	구	짝	쌍
계	노	두	났	평
┼	│	‖‖	≡	‖
맑	좋	배	들	읍
밟	불	뻐	틈	솟

❖정 자 체❖

♣ 모음쓰기

모음	획순	설명	연습					예시
ㅡ	ㅡ	처음에 힘을 주고 중간에서 가볍게 했다가 끝에 또 힘을 준다.	ㅡ					으
ㅣ	ㅣ	처음에는 약간 힘을 주어 내리그으며 끝에 가서 가볍게 뺀다.	ㅣ					이
ㅏ	ㅏ	점은 세로획의 중간보다 조금 아래에, 그리고 둔하지 않게 쓴다.	ㅏ					아
ㅑ	ㅑ	두 점은 약간 벌어지게 쓴다.	ㅑ					야
ㅓ	ㅓ	옆으로 긋는 획은 중간 위치에 접필을 깊게 하여 긋는다.	ㅓ					어
ㅕ	ㅕ	옆으로 긋는 획은 안쪽으로 약간 넓게 한다.	ㅕ					여
ㅗ	ㅗ	내리긋는 획은 중간 정도에 오도록 한다.	ㅗ					오
ㅛ	ㅛ	내리긋는 획은 가로획을 대략 3등분한다.	ㅛ					요
ㅜ	ㅜ	내리긋는 획은 가로획의 1/3 위치에 긋는다.	ㅜ					우
ㅠ	ㅠ	내리긋는 획은 가로획을 대략 3등분한다.	ㅠ					유
ㅐ	ㅐ	첫째 획은 짧게 내리긋고, 옆으로 긋는 획은 중간 위치에 긋는다.	ㅐ					애
ㅔ	ㅔ	간격을 맞추고, 옆으로 긋는 획은 중간 위치에 긋는다.	ㅔ					에

※ 엷게 처리된 글씨 위에 직접 써 봅시다.

♣ 인(仁)은 자기를 이기고 예를 실천하는 것이다(克己復禮). — 공자

ㅔ	ㅔ	간격을 맞추고, 옆으로 긋는 획은 안쪽으로 약간 넓게 한다.	ㅔ					예
ㅘ	ㅘ	'ㅗ'와 'ㅏ'가 붙도록 한다.	ㅘ					와
ㅝ	ㅝ	'ㅜ'와 'ㅓ'가 붙지 않도록 한다.	ㅝ					워
ㅚ	ㅚ	ㅗ와 'ㅣ'가 붙도록 하되 너무 넓지 않게 한다.	ㅚ					외
ㅟ	ㅟ	'ㅜ'와 'ㅣ'가 너무 좁지 않게 한다.	ㅟ					위
ㅢ	ㅢ	가로획은 가볍게 그으며 'ㅣ'의 1/3 위치에 붙인다.	ㅢ					의
ㅙ	ㅙ	'ㅗ'와 'ㅐ'는 붙이고, 간격에 주의하여 쓴다.	ㅙ					왜
ㅞ	ㅞ	'ㅜ'가 너무 크지 않게, 셋째 획이 첫째 획보다 올라가지 않게 한다.	ㅞ					웨

♣ 자음쓰기

ㄱ	ㄱ	모난 부분에서 가볍게 힘을 주어 삐친다. 'ㅏㅑㅓㅕㅣ'에 쓰임.	ㄱ					가
ㄱ	ㄱ	세 번 꺾어 쓰는 기분으로 쓴다. 'ㅜㅠㅡ'에 쓰임.	ㄱ					구
ㄱ	ㄱ	가로와 세로의 길이가 비슷하게 한다. 'ㅗㅛ'와 받침에 쓰임.	ㄱ					고
ㄴ	ㄴ	세로획보다 가로획을 길게 쓴다. 'ㅏㅑㅣ'에 쓰임.	ㄴ					나
ㄴ	ㄴ	세로획을 가로획보다 짧게 쓴다. 'ㅓㅕ'에 쓰임	ㄴ					너

✣ 만물의 근원은 무한자(無限子)이다. — 아낙시만드로스

자음	형태	설명					
ㄴ	ㄴ	가로 그어 끝을 멈춘다. 'ㅗㅛㅜㅠㅡ'에 쓰임.	ㄴ				노
ㄴ	ㄴ	부드럽게 꺾어 쓰고 아래 획은 끝에서 멈춘다. 받침으로 쓰임.	ㄴ				난
ㄷ	ㄷ	아래의 가로획을 위의 가로획보다 길게 쓴다. 'ㅏㅑㅣ'에 쓰임.	ㄷ				다
ㄷ	ㄷ	가로획의 끝을 힘주어 멈춘다. 'ㅗㅛㅜㅠ'에 쓰임.	ㄷ				도
ㄷ	ㄷ	아래의 가로획이 위의 가로획보다 짧게 쓴다. 받침으로 쓰임.	ㄷ				돋
ㄹ	ㄹ	간격을 고르게 하고 아래 획을 길게 쓴다. 'ㅏㅑㅣ'에 쓰임.	ㄹ				라
ㄹ	ㄹ	아래 획을 부드럽게 쓴다. 'ㅓㅕ'에 쓰임.	ㄹ				러
ㄹ	ㄹ	간격을 고르게 하고 끝부분을 힘주어 멈춘다. 'ㅗㅛㅜㅠ'쓰임.	ㄹ				로
ㄹ	ㄹ	아래획을 부드럽고 둥글게 쓴다. 받침으로 쓰임.	ㄹ				롤
ㅁ	ㅁ	네모 모양으로 하되 아래가 너무 좁지 않게 쓴다. 모음에 두루 쓰임.	ㅁ				마
ㅂ	ㅂ	아래위의 간격이 같게 쓴다. 모음에 두루 쓰임.	ㅂ				바
ㅅ	ㅅ	첫째 획은 삐치고 점은 힘주어 멈춘다. 'ㅏㅑㅣ'에 쓰임.	ㅅ				사
ㅅ	ㅅ	점은 아래로 내려 삐쳐 쓴다. 'ㅓㅕ'에 쓰임.	ㅅ				서
ㅅ	ㅅ	점을 옆으로 벌리어 쓴다. 'ㅗㅛㅜㅠㅡ'에 쓰임.	ㅅ				소

✜ 예(禮)가 아니면 보지도 말며, 듣지도 말며, 말하지도 말며, 행하지도 말라. — 공자   정자체 자음쓰기 7

ㅇ	ㅇ	왼쪽·오른쪽 두 번에 쓰나, 한 번에 써도 무방하다.	ㅇ					아
ㅈ	ㅈ	간격에 주의하여 쓴다. 'ㅏㅑㅣ'에 쓰임.	ㅈ					자
ㅈ	ㅈ	가로획과 삐침은 이어서 쓴다. 'ㅓㅕ'에 쓰임.	ㅈ					저
ㅈ	ㅈ	점은 옆으로 벌려 쓰고, 끝부분을 힘주어 멈춘다. 'ㅗㅛㅜㅠㅡ'에 쓰임.	ㅈ					조
ㅊ	ㅊ	점의 위치에 주의하여 쓴다. 'ㅏㅑㅣ'에 쓰임.	ㅊ					차
ㅊ	ㅊ	아래의 점을 곧게 세워 끝을 멈춘다. 'ㅓㅕ'에 쓰임.	ㅊ					처
ㅊ	ㅊ	아래의 점을 약간 벌리어 쓴다. 'ㅗㅛㅜㅠㅡ'에 쓰임.	ㅊ					초
ㅋ	ㅋ	간격과 중간 가로획의 위치에 주의해서 쓴다. 'ㅏㅑㅓㅕㅣ'에 쓰임.	ㅋ					카
ㅋ	ㅋ	'ㄱ'과 같게 쓴다. 'ㅜㅠㅡ'에 쓰임.	ㅋ					쿠
ㅋ	ㅋ	간격과 중간 가로획의 위치에 주의해서 쓴다. 'ㅗㅛ'에 쓰임.	ㅋ					코
ㅌ	ㅌ	아래 가로획을 가장 길게 쓴다. 'ㅏㅑㅣ'에 쓰임.	ㅌ					타
ㅌ	ㅌ	위아래의 길이가 비슷하게 쓴다. 'ㅓㅕ'에 쓰임.	ㅌ					터
ㅌ	ㅌ	간격에 주의해서 쓴다. 'ㅗㅛㅜㅠㅡ'에 쓰임.	ㅌ					토
ㅌ	ㅌ	끝의 획을 둥근 기분으로 쓴다. 받침으로 쓰임.	ㅌ					발

8 정자체 경음쓰기

♧ 나는 살려고 하는 생명들에 둘러싸인 살려고 하는 생명이다. — 슈바이처

글자	획순	설명						
표	표	아래 가로획을 길게 쓴다. 'ㅏㅑㅣ'에 쓰임.	표					파
표	표	아래위의 가로획 길이가 같게 쓴다. 'ㅓㅕ'에 쓰임.	표					퍼
표	표	아래위의 가로획 길이가 같게 쓴다. 'ㅗㅛㅜㅠㅡ'에 쓰임.	표					포
ㅎ	ㅎ	간격에 주의해서 쓴다. 모음에 두루 쓰임.	ㅎ					하

♧ 경음쓰기

글자	획순	설명						
ㄲ	ㄲ	앞의 'ㄱ'을 작게 쓰고, 붙지 않게 한다. 'ㅏㅑㅓㅕㅣ'에 쓰임.	ㄲ					까
ㄲ	ㄲ	앞의 'ㄱ'을 약간 작게 쓴다. 'ㅗㅛ'와 받침으로 쓰임.	ㄲ					꼬
ㄸ	ㄸ	가로획의 방향에 주의해서 쓴다. 'ㅏㅑㅣ'에 쓰임.	ㄸ					따
ㄸ	ㄸ	아래 획을 부드럽게 약간 빼쳐 쓴다. 'ㅓㅕ'에 쓰임.	ㄸ					떠
ㄸ	ㄸ	아래 가로획의 끝을 힘주어 멈춘다. 'ㅗㅛㅜㅠㅡ'에 쓰임.	ㄸ					또
ㅃ	ㅃ	앞의 'ㅂ'보다 뒤의 'ㅂ'을 약간 크게 쓴다. 'ㅏㅑㅓㅕㅣ'에 쓰임.	ㅃ					빠
ㅆ	ㅆ	뒤의 'ㅅ'이 약간 크게 쓴다. 'ㅏㅑㅣ'에 쓰임.	ㅆ					싸
ㅆ	ㅆ	뒤의 'ㅅ'의 점을 아래로 내려 긋는다. 'ㅓㅕ'에 쓰임.	ㅆ					써
ㅆ	ㅆ	옆으로 약간 넓게 벌려 쓴다. 'ㅗㅛㅜㅠㅡ'에 쓰임.	ㅆ					쏘

♣ 곳간이 차야 예절을 알고, 의식(衣食)이 족해야 부끄러움과 체면을 안다. ― 관자

짜	双	가로획의 길이가 길지 않게 좁혀 쓴다. 'ㅏ ㅑ ㅣ'에 쓰임	双						짜

♣ 받침쓰기

ㄱ	ㄱ	가로획과 세로획이 직각이 되게 쓴다.	ㄱ						국
ㄴ	ㄴ	꺾어지는 부분이 모나지 않게 하고, 처음과 끝에 힘을 준다.	ㄴ						는
ㄷ	ㄷ	아래의 가로획이 위의 가로획보다 길지 않게 쓴다.	ㄷ						곧
ㄹ	ㄹ	아래위의 간격을 고르게 한다.	ㄹ						골
ㅁ	ㅁ	점선 부분에 주의하여 쓴다.	ㅁ						곰
ㅂ	ㅂ	간격을 고르게 하고 오른쪽 세로획을 위로 좀 길게 쓴다.	ㅂ						눕
ㅅ	ㅅ	점은 끝에서 힘주어 멈춘다.	ㅅ						놋
ㅇ	ㅇ	두 번에 나누어 쓰나 한 번에 써도 무방하다.	ㅇ						공
ㅈ	ㅈ	간격에 주의하고, 점은 끝에서 힘주어 멈춘다.	ㅈ						궃
ㅊ	ㅊ	'ㅈ'과 같이 점은 끝에서 힘주어 멈춘다.	ㅊ						숯
ㅋ	ㅋ	'ㄱ'과 같은 방법으로 쓰되, 간격에 주의한다.	ㅋ						윽
ㅌ	ㅌ	아래의 가로획을 'ㄴ'과 같은 방법으로 쓴다.	ㅌ						틀

정자체 겹받침쓰기

글자	쓰기	설명
표	표	아래의 가로획이 위의 가로획보다 약간 길게 쓴다.
ㅎ	ㅎ	점, 가로획, 'ㅇ' 사이의 간격을 고르게 한다.

♣ 겹받침쓰기

글자	쓰기	설명
ㄳ	ㄳ	두 글자의 크기가 같게 쓰고, 사이가 넓어지지 않게 한다.
ㄺ	ㄺ	크기가 같고, 서로 붙지 않게 쓴다.
ㄼ	ㄼ	두 글자가 서로 붙지 않게 하며, 크기도 같게 한다.
ㄻ	ㄻ	'ㄹ'보다 'ㅁ'을 약간 작게 쓰며, 아래를 가지런히 맞춘다.
ㅀ	ㅀ	두 글자의 길이와 크기가 같게 쓴다.
ㅄ	ㅄ	'ㅅ'을 약간 세워서 쓰고, 간격이 너무 떨어지지 않게 쓴다.
ㄶ	ㄶ	'ㄴ'이 'ㅎ'보다 크지 않게 하고, 아래를 가지런하게 한다.
ㄵ	ㄵ	'ㄴ'을 옆으로 좁게 하고, 아래를 가지런하게 한다.
ㄾ	ㄾ	서로 붙지 않고, 크기가 같게 한다.
ㄱ	ㄱ	'ㄱ'을 'ㅁ'보다 길게 하고, 위를 맞춘다.
ㄿ	ㄿ	서로 붙지 않고, 두 글자의 길이와 크기가 같게 한다.

✜ 눈물과 함께 빵을 먹어보지 않은 사람은 인생의 참맛을 모른다. — 괴테

정자체의 기본 연습 **11**

가	가	가				냐	냐	냐			
거	거	거				니	니	니			
기	기	기				내	내	내			
개	개	개				너	너	너			
게	게	게				녀	녀	녀			
구	구	구				네	네	네			
규	규	규				노	노	노			
그	그	그				뇨	뇨	뇨			
커	커	커				누	누	누			
괴	괴	괴				뇌	뇌	뇌			
고	고	고				뉘	뉘	뉘			
교	교	교				난	난	난			
각	각	각				는	는	는			
괴	괴	괴				눈	눈	눈			
나	나	나				다	다	다			

정자체의 기본 연습

✤ 국가가 인간을 위해 만들어졌지, 인간이 국가를 위해 만들어지지는 않았다. — 아인슈타인

다	다	다				러	러	러	
디	디	디				려	려	려	
때	때	때				레	레	레	
도	도	도				로	로	로	
됴	됴	됴				료	료	료	
두	두	두				루	루	루	
되	되	되				뢰	뢰	뢰	
뒤	뒤	뒤				롤	롤	롤	
돈	돈	돈				를	를	를	
단	단	단				를	를	를	
든	든	든				마	마	마	
랴	랴	랴				머	머	머	
랴	랴	랴				미	미	미	
리	리	리				매	매	매	
래	래	래				메	메	메	

✧ 악화가 양화를 구축한다. — 그레샴

바	바	바				쇠	쇠	쇠			
버	버	버				쉬	쉬	쉬			
부	부	부				아	아	아			
배	배	배				오	오	오			
베	베	베				이	이	이			
사	사	사				애	애	애			
샤	샤	샤				외	외	외			
시	시	시				자	자	자			
새	새	새				쟈	쟈	쟈			
서	서	서				지	지	지			
셔	셔	셔				재	재	재			
세	세	세				저	저	저			
소	소	소				져	져	져			
수	수	수				제	제	제			
스	스	스				조	조	조			

정자체의 기본 연습

무실역행(務實力行)하고 충의용감(忠義勇敢)하라. — 안창호

주	주	주				취	취	취			
즈	즈	즈				카	카	카			
죄	죄	죄				커	커	커			
쥐	쥐	쥐				키	키	키			
차	차	차				캐	캐	캐			
챠	챠	챠				케	케	케			
치	치	치				구	구	구			
채	채	채				규	규	규			
춰	춰	춰				그	그	그			
처	처	처				코	코	코			
체	체	체				쿄	쿄	쿄			
초	초	초				타	타	타			
추	추	추				탸	탸	탸			
츠	츠	츠				티	티	티			
최	최	최				태	태	태			

> ✤ 나의 사전에 불가능이란 없다. — 나폴레옹

터	터	터				페	페	페			
텨	텨	텨				폐	폐	폐			
테	테	테				포	포	포			
토	토	토				푸	푸	푸			
투	투	투				프	프	프			
트	트	트				표	표	표			
퇴	퇴	퇴				하	하	하			
발	발	발				허	허	허			
걸	걸	걸				호	호	호			
파	파	파				해	해	해			
퍄	퍄	퍄				헤	헤	헤			
피	피	피				까	까	까			
패	패	패				꺼	꺼	꺼			
퍼	퍼	퍼				끼	끼	끼			
펴	펴	펴				깨	깨	깨			

✚ 천재(天才)란 하늘이 주는 1%의 영감과, 그가 흘리는 99%의 땀으로 이루어진다. — 에디슨

께	께	께			뻬	뻬	뻬		
꾜	꾜	꾜			빼	빼	빼		
뉘	뉘	뉘			뽀	뽀	뽀		
뷔	뷔	뷔			뿌	뿌	뿌		
꾀	꾀	꾀			쁘	쁘	쁘		
따	따	따			싸	싸	싸		
땨	땨	땨			씨	씨	씨		
띠	띠	띠			쌔	쌔	쌔		
때	때	때			써	써	써		
또	또	또			쎠	쎠	쎠		
뚜	뚜	뚜			쏘	쏘	쏘		
뜨	뜨	뜨			쑤	쑤	쑤		
뛰	뛰	뛰			쓰	쓰	쓰		
빠	빠	빠			짜	짜	짜		
뻬	뻬	뻬			찌	찌	찌		

✤ 인간 속에는 악마와도 같은 무엇이 있는가 하면, 신과 닮은 무엇이 있다. — 네루

째	째	째				민	민	민			
국	국	국				골	골	골			
속	속	속				늘	늘	늘			
녹	녹	녹				술	술	술			
먹	먹	먹				달	달	달			
학	학	학				별	별	별			
는	는	는				곰	곰	곰			
은	은	은				둠	둠	둠			
순	순	순				좀	좀	좀			
산	산	산				잠	잠	잠			
안	안	안				험	험	험			
곧	곧	곧				눕	눕	눕			
손	손	손				습	습	습			
굴	굴	굴				읍	읍	읍			
난	난	난				겁	겁	겁			

첩	첩	첩				숯	숯	숯			
놋	놋	놋				윷	윷	윷			
옷	옷	옷				몇	몇	몇			
못	못	못				억	억	억			
멋	멋	멋				벽	벽	벽			
첫	첫	첫				솔	솔	솔			
공	공	공				걸	걸	걸			
동	동	동				말	말	말			
뭉	뭉	뭉				높	높	높			
녕	녕	녕				숲	숲	숲			
향	향	향				깊	깊	깊			
굿	굿	굿				잎	잎	잎			
늣	늣	늣				농	농	농			
잇	잇	잇				종	종	종			
짓	짓	짓				랑	랑	랑			

✣ 자비·검약·겸허를 몸가짐의 3보(三寶)로 하라. — 노자

견	품					순	응				
계	획					원	료				
관	세					위	탁				
권	한					입	찰				
금	융					자	산				
나	찰					저	축				
대	출					차	입				
독	점					추	심				
무	역					청	약				
발	취					차	관				
부	채					책	임				
복	지					이	월				
상	장					도	매				
소	비					익	명				
싯	가					경	영				

✤ 만물의 근원은 땅·물·바람·불이다. — 엠페도클레스

광	고					개	업				
판	매					공	개				
차	면					금	액				
표	결					납	부				
회	의					담	보				
담	당					떤	허				
당	좌					비	용				
원	장					신	탁				
노	동					예	금				
증	권					주	문				
결	재					청	구				
보	증					통	화				
상	품					포	장				
잔	액					할	증				
총	무					합	계				

✢ 인간의 본성은 권력에의 의지이다. — 니체

견	적	서				재	입	찰			
공	기	업				전	문	품			
내	입	금				착	수	금			
담	보	물				통	운	업			
대	리	상				편	의	품			
도	량	형				해	운	업			
도	로	환				화	물	환			
매	출	환				회	사	채			
백	화	점				채	권	자			
자	본	금				대	리	점			
선	매	품				위	탁	상			
송	품	장				중	개	상			
연	쇄	점				소	매	상			
영	업	권				국	공	채			
재	보	험				상	각	액			

✚ 법률과 도덕의 관계는 법철학에서 케이프 혼(Cape Horn)이다. — 예링

가	공	무	띡						
공	동	보	험						
교	환	계	산						
국	제	금	융						
근	일	인	도						
금	속	화	폐						
금	융	정	책						
기	업	수	출						
당	용	매	입						
대	금	추	심						
도	난	보	험						
보	조	상	인						
산	업	금	융						
선	화	증	권						
수	출	검	사						

✤ 나는 생각한다, 고로 나는 존재한다. — 데카르트

시	장	생	산						
어	음	교	환						
직	접	무	역						
출	고	절	차						
화	폐	제	도						
감	가	상	각						
기	업	공	개						
보	세	창	고						
복	식	부	기						
상	장	주	식						
유	효	수	요						
유	가	증	권						
인	사	고	과						
전	환	사	채						
주	식	회	사						

진정한 행복은 밖에서 오지 않고 안에서 나온다. 자신감과 정열을 가지면 성공할 수 있다. 어렵다고 거절하는 행동에는 발전이 있을 수 없다. 결심하고 단행하라. 그러면 행복해질 수 있다. 산은 준비하는 사람

✤ 정성이 없으면 이루지 못한다(非誠無成). — 동학

에게만 빛나는 보석을 준다.

지혜를 얻는 것이 금을 얻는 것보다 낫다.

가장 큰 승리는 내가 나를 이기는 것이다.

가장 바쁜 인간이 가장 많은 시간을 얻는다.

아름다운 글씨는 아름다운 마음에서 나온다.

나무는 덕을 지녔다. 나무는 주어진 분수에

만족할 줄을 안다. 나무로 태어난 것을 탓하지

아니하고, 왜 여기 놓이고 저기 놓이지 않았는가를

말하지 아니한다.

등성이에 서면 햇살이 따사로울까, 골짜기에

♦ 지식은 도구이다. — 듀이

내려서면 물이 좋을까 하여, 새로운 자리를

엿보는 일도 없다. 물과 흙과 태양의 아들

로, 물과 흙과 태양이 주는 대로 받고,

듬박과 불만족을 말하지 아니한다.

나무는 고독하다. 나무는 모든 고독을 안다.

부슬비 내리는 가을 저녁의 고독도 알고,

함박눈 펄펄 날리는 겨울 아침의 고독도

안다. 그러면서도 나무는 어디까지든지

고독에 견디고, 고독을 이기고, 고독을

즐긴다. 나무에 아주 친구가 없는

것은 아니다. 달이 있고, 바람이 있고

새가 있다. 달은 때를 어기지 아니하고

찾고, 고독한 여름 밤을 같이 지내고 가는,

의리가 있고 다정한 친구다.

이 양 하 「나무」 중에서

좋은 글은 진실한 내용을 성실하게 쓴 글

이다. '글은 마음의 거울'이라는 말이

있거니와 글은 기술적인 문제의 해결만

으로 이루어지는 것이 아니다. 글쓴이의

온 정신, 온 마음이 구현된 글이라야 좋은

글이라 할 수 있다. 진지한 자세로 제재

를 수집하고, 적절한 표현을 찾아 내는 데

고집하며, 몇 번이고 되고치는 노력을 아

끼지 말아야 한다. 이응백 「좋은 글의 요건」

독서의 방법은 그 사람의 개성과 환경에

따라 다르기 때문에 일정하지 않다.

나에게 효과 있는 방법이 반드시 남에게도

효과가 있다고는 할 수 없고, 또 나의 환경

에서 효과 있는 방법이 반드시 남의 환경

에서도 효과가 있다고는 할 수 없다.

그러므로, 가장 많은 효과를 거둘 수

그러므로, 가장 많은 효과를 거둘 수

있는 독서 방법은, 자기 자신의 개성과

있는 독서 방법은, 자기 자신의 개성과

환경에 맞도록 여러 차례의 착

환경에 맞도록 여러 차례의 착

오를 거쳐서 자기 자신이 터득하는

오를 거쳐서 자기 자신이 터득하는

수밖에 없다. 남의 방법이 좋다고

수밖에 없다. 남의 방법이 좋다고

무조건 따를 것이 아니라, 여러 방법을 써

보아서 어떤 것이 가장 자기에게 알맞은 것

인자를 자기 자신이 발견하는 것이 가장 좋은

방법이다. 「독서의 방법과 단계」

나 보기가 역겨워 가실 때에는 말없이

고이 보내 드리오리다. 영변에 약산 진달래

꽃, 아름 따다 가실 길에 뿌리오리다.

가시는 걸음 걸음 놓인 그 꽃을 사뿐히 즈려

밟고 가시옵소서. 나 보기가 역겨워 가실

때에는 죽어도 아니 눈물 흘리오리다.

김 소월 「진달래꽃」

모란이 피기까지는 나는 아직 나의 봄을

기다리고 있을 테요. 모란이 뚝뚝

떨어져 버린 날, 나는 비로소 봄을 여읜

설움에 잠길 테요. 오월 어느 날, 그 하루

무덥던 날, 떨어져 누운 꽃잎마저 시들어

버리고는 천지에 모란은 자취도 없어지고,

뻗쳐 오르던 내 보람 서운하게 무너졌

느니, 모란이 지고 말면 그뿐, 내 한 해

는 다 가고 말아, 삼백 예순 날

하냥 섭섭해 우웁내다. 모란이 피기

까지는 나는 아직 기다리고 있을 테요, 찬란한

슬픔의 봄을.   김영랑 「모란이 피기까지는」

강나루 건너서 밀밭 길을 구름에 달 가듯이 가는

나그네. 길은 외줄기 남도 삼백 리, 술 익는 마

을마다 타는 저녁 놀. 구름에 달 가듯이 가는

나그네.   박목월 「나그네」

한 송이의 국화꽃을 피우기 위해 봄부터

소쩍새는 그렇게 울었나 보다.

한 송이의 국화꽃을 피우기 위해 천둥은

먹구름 속에서 또 그렇게 울었나 보다.

그립고 아쉬움에 가슴 조이던 머언먼 젊음

의 뒤안길에서 인제는 돌아와 거울 앞에

선 내 누님같이 생긴 꽃이여. 서정주

「국화 옆에서」 좋은 작품은 읽는 사람에게

언제나 새로운 감동을 불러 일으키면서

널리, 그리고 오래도록 읽힌다.

✢ 펜은 칼보다 강하다. — 링컨

창	창			수	수			배	배		
업	업			탁	탁			당	당		
장	장			사	사			동	동		
부	부			채	채			태	태		
손	손			미	미			포	포		
실	실			결	결			괄	괄		
목	목			대	대			합	합		
표	표			면	면			병	병		
내	내			취	취			선	선		
용	용			득	득			급	급		
절	절			정	정			세	세		
산	산			태	태			무	무		
추	추			영	영			매	매		
천	천			업	업			도	도		
저	저			상	상			기	기		
가	가			각	각			말	말		

✛ 생각에 거짓이 없다는 것은 참됨을 말한다(思無邪者 誠也). — 정자

동				판				고			
태				리				정			
비				회				부			
율				계				채			
잔				군				무			
여				형				상			
지				검				증			
분				사				자			
추				유				포			
첨				동				팔			
상				부				주			
환				채				의			
재				총				비			
무				평				밀			
분				군				적			
석				법				립			

✤ 나는 노예가 되고 싶지 않은 것처럼 주인도 되고 싶지 않다. — 링컨

정				할				수			
태				증				탁			
비				발				판			
율				행				매			
정				대				선			
상				금				급			
손				추				비			
익				심				용			
매				이				임			
출				연				원			
채				자				급			
권				산				여			
장				미				세			
기				지				금			
부				급				공			
채				금				과			

얇은 사 하이얀 고깔은 고이 접어서 나빌레라.

일편단심이야 가실 줄이 이시랴. 「정몽주」

골이 진토되여 넉시라도 잇고 업고. 님 향 ᄒ

이 몸이 죽어 일백 번 고쳐 죽어. 백

오동잎 잎새마다 달이 지는데, 소매는 길어서

워라, 빈 대에 황촉 불이 말없이 녹는 밤에

두 볼에 흐르는 빛이 정작으로 고와서 서러

파르라니 깎은 머리 박사 고깔에 감추오고,

뺨에 아롱질 듯 두 방울이야 세사에 시달려도

어먼 하늘 한 개 별빛에 모두 오고, 복사꽃 고운

접어 올린 외씨 보선이여, 까만 눈동자 살포시 들

하늘을 넓고, 돌아설 듯 날아가며 사뿐히

✤ 목적은 수단을 가리지 않는다. — 마키아벨리

이얀 고깔은 고이 접어서 나빌레라, 조지훈 「승무」

이 밤사 커뜨리도 지새우는 삼경인데, 얇은 사 하

뻰는 손이 깊은 마음 속 거룩한 합장인 양하고,

머뇌는 별빛이라, 휘어져 감기우고 다시 접어

✚ 혈기의 성냄은 있어서는 안되지만, 이의(理義)의 성냄은 없어서는 안된다. — 주자

와 지도력으로 주어지는 신뢰성에 더하자는

승의 길이 높고 넓으며, 멀고 깊은 인격적 감화

삼가 축원하옵니다. 교육의 현장 문제에서 스

선생님의 존체 금안 하시고 고당의 화목하심을

싱그러운 푸르름 속에 다시 스승의 날을 맞아,

선생님께 드리옵니다

✤ 남에게 부정하게 대하지 말 것이며, 남이 나에게 부정하지 못하게 하라. — 마호메트

면서 가르치고, 참답게 미래 사회를 넘어다 보면서

사회에서, 변화와 불변의 이치를 가려 지조를 지키

럽게 느끼면서 복죄하옵니다. 변화가 급격한 시대와

올바른 스승의 길을 걷지 못함이 많음을 늘 부끄

자취를 우러를 뿐이오며, 소생이 그 자국을 따라

것을 깨달았을 때, 새삼스레 선생님의 크신 발

옵고, 소생에게 큰 기쁘로 적려하여 주신……

동안 이뤄 놓은 일 없이 허송 세월한 것도 민망하

따름이옵니다. 더구나, 어린 사이에 중책을 맡아서 그

알지 못하오니, 오히려 선생님의 옛 풍도를 우러를

지금 어디 떼보다도 걸실한데. 소생은 그 방법을 잘

그 준비를 착실히 하여 준다는 교육의 미래주의가

✣ 생존경쟁에 대한 자연도태로 인하여 모든 생물은 적자생존의 원칙에 의하여 진화된다. — 다윈

✣흘림체✣

♣ 모음쓰기

ㅡ	ㅡ	왼편으로 약간 기울어지게 쓴다.	ㅡ				으
ㅣ	ㅣ	정자와 별 차이는 없으나 부드럽게 쓴다.	ㅣ				이
ㅏ	ㅏ	정자와 별 차이는 없으나 부드럽게 쓴다.	ㅏ				아
ㅏ	ㅏ	점은 다음의 획과 연결되도록 한다.	ㅏ				앙
ㅑ	ㅑ	정자와 별 차이는 없으나 부드럽게 쓴다.	ㅑ				야
ㅑ	ㅑ	두 점을 연결시키며 다음 획과 연결되도록 한다.	ㅑ				양
ㅓ	ㅓ	앞의 자음에서 연결되는 기분으로 쓴다.	ㅓ				어
ㅕ	ㅕ	안쪽이 조금 넓게 하며, 두 획이 연결되도록 한다.	ㅕ				여
ㅗ	ㅗ	왼편으로 약간 기울어지게 앞의 자음에서 연결되는 기분으로 쓴다.	ㅗ				오
ㅛ	ㅛ	두 획을 둥근 기분으로 부드럽게 연결한다.	ㅛ				요
ㄱ	ㄱ	옆으로 긋는 획은 접하는 쪽을 가늘게 한다.	ㄱ				우
ㄱ	ㄱ	세 획이 한 번에 연결되도록 쓴다.	ㄱ				유

♣ 사람 섬기기를 하늘과 같이 하라(事人如天). — 최시형

내	내	첫째 획과 둘째 획을 연결, 세째 획의 중간에 위치시킨다.	내						애
네	네	정자와 별 차이는 없으나 부드럽게 하여 쓴다.	네						에
얘	얘	옆의 두 획이 부드럽게 연결되도록 한다.	얘						얘
예	예	두 점은 안쪽으로 넓게 하여 부드럽게 연결시킨다.	예						예
과	과	'ㅗ'와 'ㅏ'를 붙여서 쓰며, 점의 위치에 주의한다.	과						와
궈	궈	획이 부드럽게 연결되도록 쓴다.	궈						워
귀	귀	'ㅜ'와 'ㅣ'가 너무 좁거나 넓지 않게 쓴다.	귀						위
ㅢ	ㅢ	두 획이 접필되는 부분은 가볍게 한다.	ㅢ						의

♣ 자음쓰기

ㄱ	ㄱ	모나지 않게 둥근 기분으로 쓴다. 'ㅏㅑㅓㅕㅣ'에 쓰임.	ㄱ						가
ㄱ	ㄱ	아래로 길게 늘어지지 않게 쓴다. 'ㅜㅠㅡ'에 쓰임.	ㄱ						구
ㄱ	ㄱ	가로, 세로가 직각이 되게 쓴다. 'ㅗㅛ'에 쓰임.	ㄱ						고
ㄴ	ㄴ	세로획 끝에서 일단 멈춘 후, 가로획을 쓴다. 'ㅏㅑㅣ'에 쓰임.	ㄴ						나
ㄴ	ㄴ	가볍게 가로획 끝을 삐쳐 올려 쓴다. 'ㅓㅕ'에 쓰임.	ㄴ						너

✚ 노병(老兵)은 결코 죽지 않고 사라질 뿐이다. — 맥아더   흘림체 자음쓰기 51

ㄴ	ㄴ	가로획 끝이 위로 약간 휘는 기분으로 쓴다. 'ㅗㅛㅜㅠㅡ'에 쓰임.	ㄴ					노 난
ㄴ	ㄴ	끝이 처지지 않게 쓴다. 받침에 쓰임.	ㄴ					
ㄷ	ㄷ	아래 획을 위의 획과 부드럽게 이어 쓴다. 'ㅏㅑㅣ'에 쓰임.	ㄷ					다
ㄷ	ㄷ	아래 획을 약간 삐쳐 쓴다. 'ㅓㅕ'에 쓰임.	ㄷ					더
ㄷ	ㄷ	아래 획 끝을 가지런히 멈추어 쓴다. 'ㅗㅛㅜㅠㅡ'에 쓰임.	ㄷ					도
ㄷ	ㄷ	아래 획을 부드럽게 둥글게 쓴다. 받침에 쓰임.	ㄷ					달
ㄹ	ㄹ	아래 획 끝이 약간 위로 휘게 쓴다. 'ㅏㅑㅣ'에 쓰임.	ㄹ					라
ㄹ	ㄹ	아래 획 끝 부분을 약간 삐쳐 쓴다. 'ㅓㅕ'에 쓰임.	ㄹ					러
ㄹ	ㄹ	간격이 같게 쓴다. 'ㅗㅛㅜㅠㅡ'에 쓰임.	ㄹ					로
ㄹ	ㄹ	획이 부드럽고 세모 꼴 모양이 되게 쓴다. 받침에 쓰임.	ㄹ					발
ㅁ	ㅁ	정자와 별 차이 없으나 부드럽게 쓴다. 모음에 두루 쓰임.	ㅁ					마
ㅁ	ㅁ	화살표 부분에 주의해서 부드럽게 쓴다. 'ㅗㅛㅜㅠ'와 받침에 쓰임.	ㅁ					모
ㅂ	ㅂ	정자와 별 차이 없으나 부드럽게 이어 쓴다. 모음, 받침에 두루 쓰임.	ㅂ					바
ㅅ	ㅅ	처음 부분에 힘을 주어 사선이 되게 쓴다. 'ㅏㅑㅣ'에 쓰임.	ㅅ					사

✝ 인심이 곧 천심이다(人心卽天心). — 최제우

자음	예시	설명					
ㅅ	ㅅ	한번에 이어서 부드럽게 쓴다. 'ㅓㅕ'에 쓰임.					치
ㅅ	ㅅ	방향에 주의해서 부드럽게 쓴다. 'ㅗㅛㅜㅠㅡ'에 쓰임.					소
ㅇ	ㅇ	중심을 잘 잡아서 부드럽게 쓴다. 모음, 받침에 두루 쓰임.					아
ㅈ	ㅈ	정자와 별 차이 없으나 부드럽게 쓴다. 'ㅏㅑㅣ'에 쓰임.					자
ㅈ	ㅈ	한 번에 이어 쓰되 부드럽게 연결한다. 'ㅓㅕ'에 쓰임.					저
ㅈ	ㅈ	방향에 주의해서 부드럽게 쓴다. 'ㅗㅛㅜㅠㅡ'에 쓰임.					조
ㅊ	ㅊ	점은 비껴 쓰되, 아래 획과 붙지 않게 한다. 'ㅏㅑㅣ'에 쓰임.					차
ㅊ	ㅊ	부드럽게 연결되도록 쓴다. 'ㅓㅕ'에 쓰임.					처
ㅊ	ㅊ	옆으로 넓게 벌려서 쓴다. 'ㅗㅛㅜㅠㅡ'에 쓰임.					초
ㅋ	ㅋ	'ㄱ'과 같이 둥근 기분으로 쓴다. 'ㅏㅑㅓㅕㅣ'에 쓰임.					카
ㅋ	ㅋ	간격과 중간 가로획의 위치에 주의한다. 'ㅗㅛ'에 쓰임.					코
ㅋ	ㅋ	둥근 기분이 되게 쓴다. 'ㅜㅠㅡ'에 쓰임.					쿠
ㅌ	ㅌ	간격과 점선 부분에 유의해서 쓴다. 'ㅏㅑㅣ'에 쓰임.					타
ㅌ	ㅌ	가로획의 길이에 유의해서 쓴다. 'ㅓㅕ'에 쓰임.					터

✤ 인구는 기하급수, 식량은 산술급수로 증가한다. — 맬서스

ㄷ	ㄷ	간격과 점선 부분에 주의해서 쓴다. 'ㅗㅛㅜㅠㅡ'에 쓰임.	ㄷ					도
ㅌ	ㅌ	아래 가로획의 끝이 처지지 않게 쓴다. 받침에 쓰임.	ㅌ					갈
ㅍ	ㅍ	아래 가로획을 길게 쓴다. 'ㅏㅑㅣ'에 쓰임.	ㅍ					파
ㅍ	ㅍ	끝을 약간 삐쳐 쓴다. 'ㅓㅕ'에 쓰임.	ㅍ					퍼
ㅈ	ㅈ	아래 가로획의 끝을 멈추어 쓴다. 'ㅗㅛㅗㅠ ㅡ'에 쓰임.	ㅈ					도
ㅎ	ㅎ	점과 둘째 획이 붙지 않게 쓴다. 모음, 받침에 두루 쓰임.	ㅎ					하

♣ 경음쓰기

ㄲ	ㄲ	뒤의 'ㄱ'을 약간 크게 쓴다. 'ㅏㅑㅓㅕㅣ'에 쓰임.	ㄲ					까
ㄲ	ㄲ	뒤의 'ㄱ'을 약간 크게 쓴다. 'ㅗㅛ'와 받침에 쓰임.	ㄲ					꼬
ㄸ	ㄸ	간격에 주의해서 부드럽게 쓴다. 'ㅏㅑㅣ'에 쓰임.	ㄸ					따
ㄸ	ㄸ	간격에 주의해서 부드럽게 쓴다. 'ㅗㅛㅜㅠㅣ'에 쓰임.	ㄸ					또
ㅆ	ㅆ	뒤의 'ㅅ'을 약간 크게 쓴다. 'ㅏㅑㅣ'에 쓰임.	ㅆ					싸
ㅆ	ㅆ	뒤의 'ㅅ'의 점을 아래로 내려 긋는다. 'ㅓㅕ'에 쓰임.	ㅆ					써
ㅆ	ㅆ	옆으로 약간 넓게 벌려 쓴다. 'ㅗㅛㅜㅠㅡ'에 쓰임.	ㅆ					쏘

글자	쓰기	설명	연습					예시
ㅉ	ㅉ	앞의 'ㅈ'의 점을 약간 작게 쓴다. 'ㅏㅑㅣ'에 쓰임.	ㅉ					쨔

♣ 받침쓰기

글자	쓰기	설명	연습					예시
ㄱ	ㄱ	가로획보다 세로획을 힘주어 쓴다.	ㄱ					각
ㄴ	ㄴ	끝 부분에서 힘주어 멈춘다.	ㄴ					는
ㄷ	ㄷ	아래 가로획이 위의 가로획보다 길지 않게 쓴다.	ㄷ					닫
ㄹ	ㄹ	아래 획이 위의 획보다 짧게 쓴다.	ㄹ					달
ㅁ	ㅁ	부드럽게 이어서 쓴다.	ㅁ					밤
ㅇ	ㅇ	가로획의 각도와 위치, 간격에 주의한다.	ㅇ					경
ㅅ	ㅅ	점은 끝에서 힘주어 멈춘다.	ㅅ					굿
ㅇ	ㅇ	두 번에 나누어 써도 좋고, 한 번에 써도 무방하다.	ㅇ					궁
ㅈ	ㅈ	간격에 주의하고, 점은 끝에서 힘주어 멈춘다.	ㅈ					굿
ㅊ	ㅊ	'ㅈ'과 같이 점은 끝에서 힘주어 멈춘다.	ㅊ					갖
ㅋ	ㅋ	'ㄱ'과 같은 방법으로 쓰되, 간격에 주의한다.	ㅋ					벽
ㅌ	ㅌ	아래 가로획이 모나지 않게 부드럽게 쓴다.	ㅌ					겉

✚ 인간의 본성은 선(善)이다. — 맹자 흘림체 겹받침쓰기

| 도 | 도 | 가운데 부분의 획을 부드럽게 이어 쓴다. | 도 | | | | | 놀 |
| ㅎ | ㅎ | 간격을 고르게 하고 부드럽게 이어 쓴다. | ㅎ | | | | | 강 |

♣ 겹받침쓰기

ㅆ	ㅆ	두 글자의 크기가 같게 쓰고, 아래를 가지런하게 한다.	ㅆ					샀
ㄺ	ㄺ	간격을 같게 하되, 'ㄹ'은 한 번에 이어 쓴다.	ㄺ					밝
ㄵ	ㄵ	두 글자가 붙지 않게 하며, 크기도 같게 한다.	ㄵ					앉
ㄻ	ㄻ	'ㄹ'보다 'ㅁ'을 약간 작게 쓰며, 아랫부분을 가지런하게 한다.	ㄻ					삶
ㅀ	ㅀ	두 글자의 길이와 크기가 같게 한다.	ㅀ					옳
ㅄ	ㅄ	'ㅅ'을 약간 세워서 쓰고, 간격이 너무 떨어지지 않게 한다.	ㅄ					값
ㅎ	ㅎ	'ㄴ'보다 'ㅎ'을 약간 크게 쓰고, 아래를 가지런하게 한다.	ㅎ					낳
ㄵ	ㄵ	'ㄴ'을 옆으로 좁게 하고, 아래를 가지런하게 한다.	ㄵ					앉
ㄾ	ㄾ	두 글자가 서로 붙지 않게 하며, 크기가 같게 한다.	ㄾ					핥
ㄼ	ㄼ	두 글자가 서로 붙지 않게 하고, 크기가 같게 한다.	ㄼ					을
ㄻ	ㄻ	'ㄱ'을 'ㅁ'보다 길게 쓰고, 위를 가지런하게 한다.	ㄻ					삯

✚ 왔노라, 보았노라, 이겼노라. — 카이사르

가	가	가				나	나	나			
거	거	거				니	니	니			
기	기	기				내	내	내			
개	개	개				너	너	너			
게	게	게				더	더	더			
구	구	구				네	네	네			
국	국	국				노	노	노			
그	그	그				뇨	뇨	뇨			
키	키	키				누	누	누			
긔	긔	긔				뇌	뇌	뇌			
고	고	고				뉘	뉘	뉘			
교	교	교				난	난	난			
각	각	각				는	는	는			
괴	괴	괴				논	논	논			
나	나	나				다	다	다			

✢ 지성이면 움직이지 않는 것이 없다(至誠未有不動也). — 맹자

흘림체의 기본 연습 57

다	다	다				러	러	러		
디	디	디				려	려	려		
때	때	때				레	레	레		
도	도	도				로	로	로		
됴	됴	됴				료	료	료		
두	두	두				루	루	루		
되	되	되				뢰	뢰	뢰		
뒤	뒤	뒤				롤	롤	롤		
돌	돌	돌				를	를	를		
달	달	달				를	를	를		
들	들	들				빠	빠	빠		
라	라	라				머	머	머		
랴	랴	랴				미	미	미		
리	리	리				매	매	매		
래	래	래				에	에	에		

흘림체의 기본 연습 ✤ 내용 없는 사상은 공허하고 개념 없는 직관은 맹목이다. — 칸트

바	바	바				최	최	최			
버	버	버				쉬	쉬	쉬			
므	므	므				아	아	아			
배	배	배				오	오	오			
베	베	베				이	이	이			
사	사	사				애	애	애			
샤	샤	샤				외	외	외			
시	시	시				자	자	자			
새	새	새				쟈	쟈	쟈			
서	서	서				지	지	지			
셔	셔	셔				재	재	재			
세	세	세				저	저	저			
오	오	오				쩌	쩌	쩌			
우	우	우				제	제	제			
스	스	스				조	조	조			

✚ 온집안이 화목하면 만사가 뜻대로 이루어진다(家和萬事成). — 명심보감

주	주	주				최	최	최			
즈	즈	즈				카	카	카			
즤	즤	즤				커	커	커			
즧	즧	즧				키	키	키			
차	차	차				캐	캐	캐			
챠	챠	챠				케	케	케			
치	치	치				쿠	쿠	쿠			
채	채	채				쿡	쿡	쿡			
처	처	처				크	크	크			
쳐	쳐	쳐				코	코	코			
체	체	체				쿄	쿄	쿄			
초	초	초				타	타	타			
축	축	축				탸	탸	탸			
츠	츠	츠				티	티	티			
최	최	최				태	태	태			

✚ 셰익스피어의 예술은 인도 전부와도 바꿀 수 없다. — 칼라일

터	터	터				페	페	페			
텨	텨	텨				폐	폐	폐			
테	테	테				포	포	포			
토	토	토				푸	푸	푸			
투	투	투				프	프	프			
트	트	트				표	표	표			
퇴	퇴	퇴				하	하	하			
팔	팔	팔				허	허	허			
걸	걸	걸				호	호	호			
파	파	파				해	해	해			
퍄	퍄	퍄				혜	혜	혜			
피	피	피				까	까	까			
퍠	퍠	퍠				꺼	꺼	꺼			
포	포	포				끼	끼	끼			
퍼	퍼	퍼				깨	깨	깨			

❖ 어느 날 아침 일어나 보고 나 자신이 유명해진 것을 알았다. — 바이런

께	께	께				삐	삐	삐			
꼬	꼬	꼬				빼	빼	빼			
뀨	뀨	뀨				뽀	뽀	뽀			
꽊	꽊	꽊				뿍	뿍	뿍			
꾀	꾀	꾀				쁘	쁘	쁘			
따	따	따				짜	짜	짜			
떠	떠	떠				찌	찌	찌			
띠	띠	띠				째	째	째			
때	때	때				씨	씨	씨			
또	또	또				써	써	써			
뚜	뚜	뚜				쏘	쏘	쏘			
뜨	뜨	뜨				쑥	쑥	쑥			
뛰	뛰	뛰				쓰	쓰	쓰			
빠	빠	빠				쩌	쩌	쩌			
뻐	뻐	뻐				찌	찌	찌			

✤ 국가는 시민의 하인이지 주인은 아니다. ― 케네디

째	째	째				민	민	민			
국	국	국				골	골	골			
숙	숙	숙				늘	늘	늘			
극	극	극				슬	슬	슬			
먹	먹	먹				달	달	달			
학	학	학				별	별	별			
는	는	는				곰	곰	곰			
은	은	은				등	등	등			
슬	슬	슬				종	종	종			
산	산	산				장	장	장			
안	안	안				횡	횡	횡			
골	골	골				금	금	금			
술	술	술				응	응	응			
글	글	글				웅	웅	웅			
날	날	날				깅	깅	깅			

✧ 밝은 빛으로 세상을 다스린다(光明理世). ― 박혁거세

헝	헝	헝				숯	숯	숯		
옷	옷	옷				울	울	울		
옷	옷	옷				몇	몇	몇		
옷	옷	옷				역	역	역		
벗	벗	벗				떡	떡	떡		
첫	첫	첫				술	술	술		
궁	궁	궁				걸	걸	걸		
둥	둥	둥				말	말	말		
융	융	융				물	물	물		
녕	녕	녕				숲	숲	숲		
향	향	향				길	길	길		
웃	웃	웃				일	일	일		
웃	웃	웃				글	글	글		
잇	잇	잇				즐	즐	즐		
짓	짓	짓				갏	갏	갏		

국	가					우	글			
의	족					보	존			
권	리					물	장			
책	임					감	동			
슬	선					소	설			
노	범					초	현			
민	병					생	각			
상	사					설	명			
처	식					중	록			
항	상					신	비			
공	지					품	위			
업	적					여	우			
천	축					덕	망			
녹	공					차	질			
기	복					정	화			

❖ 아는 것이 힘이다. — 베이컨

동	태	비	율
잔	여	지	분
주	청	상	환
재	수	분	석
관	리	회	계
군	형	것	사
유	동	부	채
충	청	군	법
고	정	부	채
수	상	증	자
호	콸	주	의
장	기	부	채
청	태	비	율
경	상	손	익
대	금	축	심

흘림체의 가로쓰기 연습

매	출	채	권								
할	증	발	행								
근	일	인	도								
공	동	보	험								
교	환	계	산								
보	조	상	인								
금	속	화	폐								
상	용	매	입								
수	출	것	사								
산	업	금	융								
신	화	증	권								
화	재	보	험								
시	장	생	산								
국	제	금	융								
보	증	보	험								

✤ 건강한 신체에 건전한 정신이 깃든다. — 베이컨

재	고	조	사
화	을	상	환
대	차	대	조
손	익	계	산
감	가	상	각
부	가	가	치
대	손	충	당
사	채	발	행
상	즉	재	고
수	선	충	당
시	험	연	구
이	월	결	손
금	전	출	납
제	품	출	고
부	리	후	생

넋이여, 당신은 백 번이나 단련한 금결

넋이여, 당신은 백 번이나 단련한 금결

잎거라. 뽕나무 뿌리가 산호가 되도록

잎거라. 뽕나무 뿌리가 산호가 되도록

한국의 사랑을 받으소서. 넋이여, 사랑이여,

한국의 사랑을 받으소서. 넋이여, 사랑이여,

아침 별의 첫걸음이여. 넋이여, 당신은

아침 별의 첫걸음이여. 넋이여, 당신은

의가 무거웁고 황금이 가벼울 것을 잘

의가 무거웁고 황금이 가벼울 것을 잘

아싱거라. 거지의 거친 밭에 복의 씨를

뿌리 옹조서. 넋이여, 사랑이여, 옛

오동의 숨은 소리여. 넋이여, 당신은

붉과 광명과 평화를 좋아하싱거라.

약자의 가슴에 눈물을 뿌리는 자비의 보살이

되옵소서. 넋이여, 사랑이여, 얼음

바다에 봄바람이여. 한용운 「찬송」

행동과 단결은 인간 생활의 힘이요 수단이다.

진실한 생각에서 진실한 말과 행동이 나온다.

뜻있는 자는 이루고 노력하는 자는 얻는다.

그릇됨을 깨달으면 상냥한 마음이 나타난다.

태산을 넘으면 그 다음엔 평지가 보인다.

인생에서 가장 행복한 시간은 일에 몰두

하고 있을 때다. 글자는 옳은 일에 민첩

하고 소인은 이익에 예민하다.

수필은 지은이의 내면 세계가 잘 드러나는

글이다. 수필은 지어 낸 이야기가 아닌

사실을 다루고 있지만, 지은이의 내면적

심정이 수필 속에 그대로 나타난다. 이러한

각자의 내면 세계는 바로 한 인간의 모습

을 보여 주는 개성이며, 이 개성이 예술적

으로 형상화된 것이 우리의 예술 세계다……

봄, 여름, 가을, 겨울, 두루 사시를 두고

자연이 우리에게 내리는 혜택에는 제한이

없다. 그러나 그 중에도 그 혜택을 듬직히

아낌없이 내리는 시절은 봄과 여름이요.

그 중에도 그 혜택을 가장 아름답게 나타

내는 것은 봄, 봄 가운데도 만산에 녹영이

싹트는 이 때일 것이다. 눈을 들어 하늘을

우러러 보고 먼 산을 바라보라. 어린애의

웃음같이 깨끗하고 명랑한 5월의 하늘,

나날이 푸르러 가는 이 산 저 산, 나날이

새로운 정이를 가져오는 이 언덕 저 언덕,

그리고 하늘을 달리고 녹음을 스쳐 오는

맑고 향기로운 바람—우리가 비록 빈한하여

가진 것이 없다 할지라도, 우리는 이러한

때 모든 것을 가진 듯하고, 우리의 마음이

비록 가난하여 바라는 바, 기대하는 바가

없다 할지라도, 하늘을 달리어 녹음을 스쳐

오는 바람은 다음 순간에라도 곧 모든 것을

가져올 듯하지 아니한가 ? 이양하 「신록예찬」

정의는 강자의 이익. — 트라시마코스

대						정					
차						체					
대						원					
조						칙					
사						보					
채						세					
발						창					
행						고					
개						연					
발						대					
차						보					
괌						증					
쩡						목					
가						가					
철						가					
상						치					

❖ 다른 사람은 자기 자신을 비추는 거울이다. — 비어스

채	채					신	신				
수	수					용	용				
체	체					주	주				
포	포					의	의				
형	형					상	상				
등	등					잎	잎				
조	조					감	감				
합	합					자	자				
상	상					수	수				
호	호					선	선				
부	부					충	충				
조	조					당	당				
우	우					실	실				
한	한					횟	횟				
회	회					연	연				
사	사					구	구				

해야지, 그리고 나한테 주어진 길을 걸어 가야

별을 노래하는 마음으로 모든 죽어 가는 것을 사랑

잎기를, 잎새에 이는 바람에도 나는 괴로워했다.

죽는 날까지 하늘을 우러러 한 점 부끄러움이

✜ 실존은 본질에 앞선다. — 사르트르

내가 그의 이름을 불러 주었을 때. 그는 나에게로 전에는 그는 다만 하나의 몸짓에 지나지 않았다. 운동주 「서시」 내가 그의 이름을 불러 주기 겠다. 오늘 밤에도 별이 바람에 스치운다.

그의 꽃이 되고 싶다. 우리들은 모두 무엇이

나의 이름을 불러 다오. 그에게로 가서 나도

그 것처럼 나의 이 빛깔과 알맞은 향기에 누가

와서 꽃이 되었다. 내가 그의 이름을 불러

✢ 사람은 태어나면서부터 자유롭고 평등하다. — 세계인권선언문

맨 나중 뿌리가 산호가 되도록 천국의 사랑을

넋이여, 당신은 백 번이나 단절한 굴절입니다.

않는 하나의 눈짓이 되고 싶다. 깊은 뜻 「꽃」

되고 싶다. 너는 나에게 나는 너에게 잊혀지지

가정은 도덕의 학교이다. — 페스탈로치

발을 소서. 님이여, 사랑이여, 아침볕의

첫걸음이여. 님이여. 당신은 의가 무거웁고

황금이 가벼운 것을 잘 아십니다. 거지의 거친

밭에 북의 씨를 뿌리웁소서. 한용운 「찬송」

✚ 로마는 하루 아침에 세워진 것이 아니다. ― 세르반테스

편지봉투 쓰기

❖응 용 편❖

우 편 엽 서

보내는 사람 경기도 고양시
원당동 주교4리 초원가 109호
이 해 석

4 1 1 - 0 3 0

받는 사람 서울시 마포구
염리동 10~34 번지
김 성 은

1 2 1 - 0 9 0

우표

매월 말일은 편지 쓰는 날입니다.

3 1 5 8 4 0

충청남도 공주군 의당면 덕촌리 294 번지
이 은 종

1 1 0 1 2 1

서울시 종로구 종로1가 24 번지
이 상 남 귀하

우표

† 성명 아래 쓰는 용어 †		좌하	座下 : 상대방을 높이어, 그의 이름 아래에 쓰는 말.
귀하	貴下 : 상대방을 높이어, 그의 이름 밑에 쓰는 말.	선생	先生 : 성명이나 직명(職名) 따위의 아래에 쓰이어 그를 높이는 말.
귀중	貴中 : 기관이나 단체 이름 밑에 써서 상대편을 높이는 말.	여사	女史 : 결혼한 여자를 높이어 일컫는 말.

※ 엷게 처리된 글씨 위에 직접 써 봅시다.

즐거운 성탄과 희망의 새해를 맞이하여 귀댁
의 행운과 만복이 깃들이시기를 기원합니다.
　　　　　　새해아침
　　　　　　　　　김 경 수

새해에 복 많이 받으시고
　소원 성취하시기를 바랍니다.
　　　　　　　　1994년 정월 일일
　　　　　　　　　서 은 주

희망의 새해를 맞이하여 지난 해에 베풀어
주신 후의에 감사드리며 새해에도 변함없는
성원 있으시기 바랍니다.
　　　　　　　　새해아침
　　　　　　　　　박 주 일

❖ 약한 자여, 그대 이름은 여자니라. — 셰익스피어

축 결 혼

권 혜 선

축 발 전

이 상 남

† 길흉사 및 증품시의 용어 †		부 의	賻儀 : 초상난 집에 부조로 금품을 보낼 때 쓰는 말.
수 연	壽宴 : 환갑을 축하할 때 쓰는 말.	합 격	合格 : 채용이나 자격 시험 따위에 급제함을 축하할 때 쓰는 말.
입 학	入學 : 학교에 들어간 것을 축하하는 말.	촌 지	寸志 : 얼마 되지 않는 적은 선물, 즉 자기의 선물을 겸손하게 쓰는 말.
영 전	榮轉 : 지금까지보다 더 좋은 지위로 전입할 때 쓰는 말.	조 품	粗品 : 남에게 선물 따위를 보낼 때에 쓰는 겸사의 말.
당 선	當選 : 선거나 심사에서 뽑힌 것을 축하할 때 쓰는 말.	근 조	謹弔 : 남의 죽음에 대해 애도의 뜻을 표할 때 쓰는 말.

청 구 서

일금 칠만오천원정

₩ 75,000

상기 대금을 상업서여 펜글씨
교본 오십권 값으로 청구함.

1994년 1월 20일

서울시 성북구 장위동 130-2
　　　　　정진 출판사
　　한성 서적　귀중

영 수 증

일금 삼십팔만원정.

₩ 380,000

상기 금액을 모조지 15연대금
으로 정히 영수함.

1994년 2월 10일

서울시 서초구 서초동 93~1
　　　　　제일 지업사
　　정진출판사　귀중

수 령 증

품목 : 일본어 첫걸음 삼백부

상기 서적을 정히 수령함.

1994년 2월 5일
　　　　　동방서적
　　교육연구사　귀중

차 용 증

일금 이백만원정

₩ 2,000,000

상기 금액을 차용하는 바 이윤은
월 2부로 하고 반제기한은 1995
년 2월말 까지로 함.

1994년 1월 5일

서울시 종로구 창신1동 153
　　　　　박 영 민
　　이　해　일　귀하

보 관 증

품명: 일본어 펜글씨 500부

위 물품을 1994년 3월 10일부터 7월 20일까지 틀림없이 보관함.

1994년 3월 10일

세 종 서 림
대표. 박 수 영

동 해 출 판 사 귀중

위 임 장

주소: 서울시 성동구 행당동 92-10
성명: 이 상 남

위의 사람을 대리인으로 정하여 1994년 2월 5일부터 주주 총회의 의결권 및 행위 일체를 위임함.

1994년 2월 1일

부산시 동구 초량1동 257
위임자. 조 동 춘

서울회사장 귀하.

청 첩 장

서정호씨 장남 성 호 군
이강우씨 차녀 은 숙 양

위의 두 사람이 일생을 같이하기로 하였습니다. 축복 속에 결혼식을 올리게 되었음을 알려 드립니다.

때: 1994년 5월 6일 오후 1시
곳: 축복 예식장

청첩인 강 재 영
손 재 경 님께.

각 서

본인은 1994년 1월 5일에 차용한 일금 이백만원정을 30일 이내에 반제하기로 한 약속을 부득이한 사정으로 이행치 못하였으나, 금반 1994년 4월 5일까지는 반드시 완불하겠으며, 만약 또 위반할 때는 어떠한 법적 조처도 받겠음을 이에 각서함.

1994년 2월 20일

대전시 중구 도마1동 257 이 종 석
최 형 진 귀하.

박 사장님

　이번에 저희 회사에 새로 입사한 이혜경 양을 소개합니다. 인사 겸 물품 구입차 귀사에 보내오니 여러 가지로 편의를 보아 주시기 바랍니다.

　　　　1994년 3월 6일

　　　　민 홍 식 인

휴 가 서

　　　　　직위 : 대 리
　　　　　성명 : 김성수

　상기본인은 1994년 4월 1일부터 4월 3일까지 3일간 대한출판문화협회에서 열리는 편집인 세미나에 참석하기 위하여 이에 휴가서를 제출하나이다.

　　　　1994년 3월 28일
　　　　　　　김 성 수

　　편집부장 귀하.

출 장 계

　　　　　영업부 : 이재연

1. 기간 : 6월 20일 ~ 6월 25일
2. 행선지 : 호남지방
3. 목적 : 재고품 확인 및
　　　　　판매망 개척.

　위와 같이 출장코자 이에 제출하나이다.
　　　　1994년 6월 15일
　　　　　　이 재 연

　　영업부장 귀하.

결 근 계

　　　　　총무과 : 정소라

　본인은 신병 치료차 7월 5일부터 7월 10일(6일간)까지 병원에 입원하게 되었으므로 진단서를 첨부하여 결근계를 제출하나이다.

　　　　1994년 7월 1일
　　　　　　정 소 라

　　총무과장 귀하

✚ 너 자신을 알라. — 소크라테스

예금청구서

| 계정과목 | 보통 | 저축 | 자유저축 | 본지점 |

주식회사 정진은행 앞 아래 금액을 지급하여 주십시오.

텔러번호

※굵은선 안에만 기입하여 주십시오.

계좌번호: 305-08-4252-001 고객비밀번호: 1234

금 일십오만칠천원정

1994년 2월 5일

예금주 천혜선 ㊞

책임자	지급번호
	지급 또는 대체인
계	
출납	
일부수입	
현금교부	

입금표 (무통장입금의뢰용)

수 납 또는 대체인

※굵은선 안은 의뢰인이 기입하십시오. (2매복사식)

| 계정과목 | 당좌 | 가종 | 보통 | 저축 | 자유저축 | 본지점 | 1994년 1월 8일 |

계좌번호	305-08-4252-001	텔러번호		송금수수료	
받는분(예금주)	조순선		금액	567,000	
의뢰인 성명	박성철	전화번호	자기앞수표 송금수표	현금	
통장인자용성명 또는 코드 (한글3자, 영문숫자 10자 이내)		당좌·어음 국고수표	자점권	

금	일	이	삼	사	오	육	칠	팔	구	십	백	천	만	억

세금계산서

		공급받는자 보고용		책 번 호		권		호	
				일련번호					

공급자	등록번호	201-56-35784			공급받는자	등록번호	203-96-28751		
	상호(법인명)	정진제책사	성명	김철순 ㉑		상호(법인명)	정진출판사	성명	박해성
	사업장주소	서울시 용산구 갈월동 263				사업장주소	서울시 성북구 장위2동 64-57		
	업태	제조	종목	제책		업태	제조	종목	출판

작성			공급가액					세액					비고
년	월	일	공란수	십억천백십만천백십일				억천백천만천백십일					
94	3	15	4			4 3 0 0 0 0				4 3 0 0 0			제책비

월일	품목	규격	수량	단가	공급가액	세액	비고
	고등한자 쓰기 교본		5,000		250,000	25,000	
	일본어 펜글씨 교본		3,000		180,000	18,000	
					430,000	43,000	

	불	명	사	유		담당	주무	과장	서장

계 산 서

		공급자 제출용		책 번 호		권		호	
				일련번호					

공급자	등록번호	203-96-28751			공급받는자	등록번호	201-63-24731		
	상호(법인명)	정진출판사	성명	박해성 ㉑		상호(법인명)	아름서점	성명	박옥희 ㉑
	사업장주소	서울시 성북구 장위2동 64-57호				사업장주소	서울시 강서구 화곡3동 1035		
	업태	제조	종목	출판		업태	상업	종목	도서

작성			공급가액					비고	
년	월	일	공란수	십억천백십만천백십일					
94	4	3	5		5 4 0 0 0				

월일	품목	규격	수량	단가	공급가액	비고
	대입 한문 문제집		10	3,500	35,000	
	일본어 첫걸음		5	3,800	19,000	
					54,000	

	불	명	사	유		담당	주무	과장	서장

✚ 인생은 짧고, 예술은 길다. — 히포크라테스

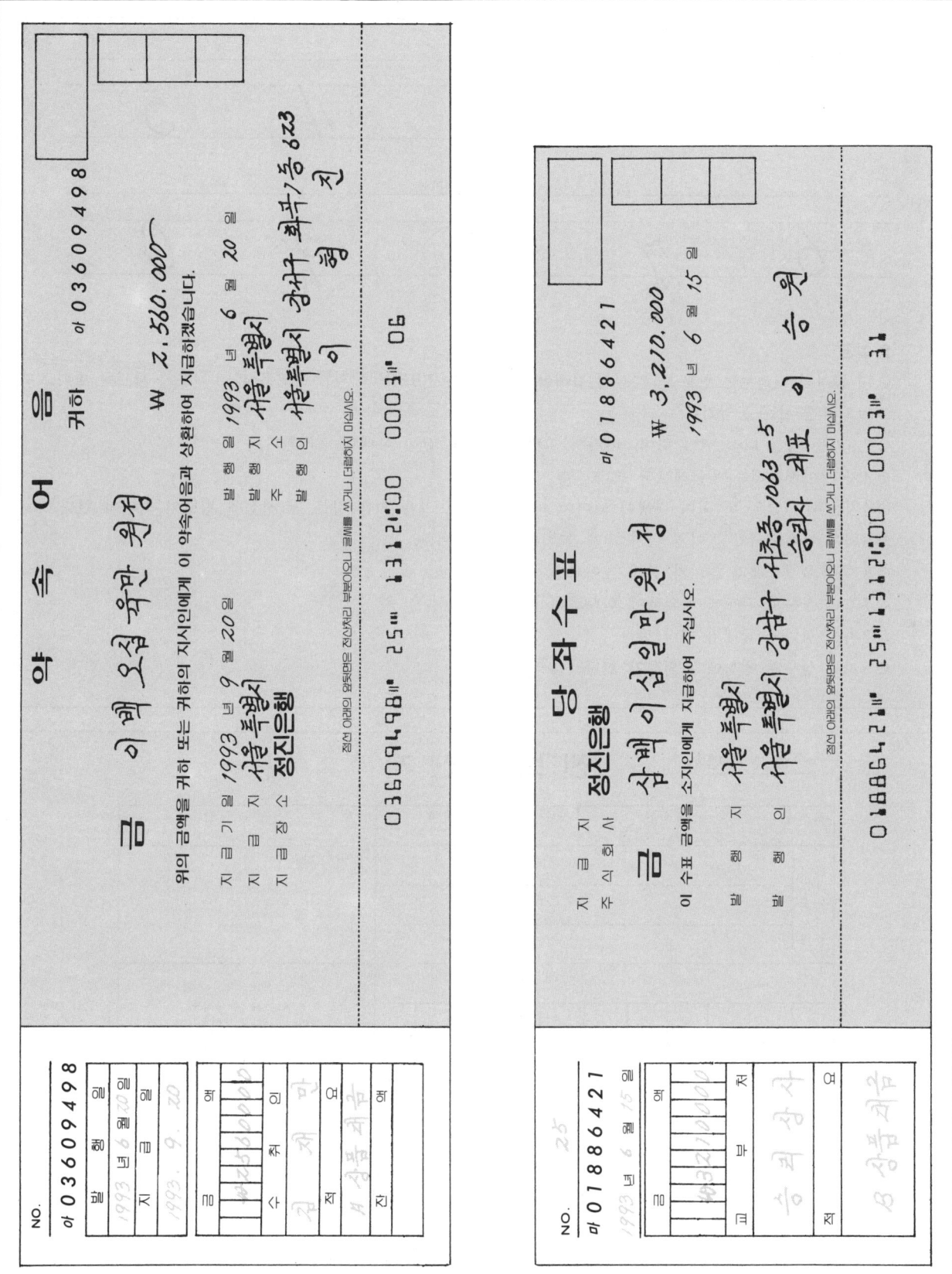

숫자 · 전보 쓰기

▶ 필법

▶ 설명
○ 각 글자의 최하부는 장부 난 하선에 접해야 하며(다만, 7,9자는 예외), 자획은 45도 각도가 되도록 한다.
○ 글자의 높이는 동일하다.
○ 7,9자는 약간 내려 써야 하며, 따라서 그만큼 글자의 끝이 아래로 내려간다.
○ 3자의 아랫둘레는 윗둘레보다 크다.
○ 4자는 내리그은 두 획이 평행이 되어야 하며, 옆으로 그은 획은 장부 난 하선에 평행이 되어야 한다.
○ 5자는 아랫둘레의 높이가 글자 전체 높이의 $\frac{2}{3}$ 정도이다.
○ 6자는 아랫둘레의 높이가 전체 높이의 $\frac{1}{2}$ 정도이다.
○ 7자는 상부의 각도에 주의해야 한다.
○ 8자는 상하의 둘레가 대략 같다.
○ 9자는 상부의 원형에 주의해야 한다.

✤ 국가는 도덕의 최고기관이다. ― 헤겔

✤ 사람은 형이상학적인 동물이다. — 쇼펜하우어

　　　　　　　　신록예찬
　　　　　　　　　　　　이양하

　봄, 여름, 가을, 겨울, 두루 사시를 두고 자연이 우리에게 내리는 혜택에는 제한이 없다. 그러나 그 중에도 그 혜택을 풍성히 아낌없이 내리는 시절은 봄과 여름이요, 그 중에도 그 혜택을 가장 아름답게 나타내는 것은 봄, 봄 가운데도 만산에 녹엽이 싹트는 이 때일 것이다. 눈을 들어 하늘을 우러러보고 먼 산을 바라보라. 어린애의 웃음같이 깨끗하고 명랑한 5월의 하늘, 나날이 푸르러 가는 이 산 저 산, 나날이 새로운 경이를 가져오는 이 언덕 저 언덕, 그리고 하늘을 달리고 녹음을 스쳐 오는 맑고 향기로운 바람 우리가 비록 빈한하여 가진 것이 없다 할지라 도, 우리는 이러한 때 모든 것을……

▶ 원고지 사용법
○ 제목과 필자의 이름은 위아래를 각각 1행 정도 비우고 쓴다.
○ 본문은 5행부터 시작, 둘째 칸부터 쓴다.
○ 새로운 문단이 시작될 때 첫칸은 비운다.
○ 모든 글자와 문장 부호는 각각 한 칸씩 쓰는 것을 원칙으로 한다.
○ 행의 맨 끝에서 띄어 쓰게 될 때에는 ✓로 표시하고, 다음 행의 첫 칸을 비우지 말고 쓴다.
○ 대화 부분은 별도의 행에서 시작한다.

※ 엷게 처리된 글씨 위에 직접 써 봅시다.

자기소개서

이남수

　나는 강원도에서 태어나 어려서부터 강직함을 풍기는 설악산과 드높은 포용력을 가진 동해를 바라보며 자랐다. 이러한 지역적 특성 속에서 성장하면서 그 뜻을 받아 키우려 애를 썼고 엄격하면서 이해심이 많으신 부모님 슬하에서 무난한 가정 교육을 받았던 것 같다. 정상적인 성장 과정에서의 학창 시절은 학생의 권리이자 의무라고 생각하고 본분인 학업에 열중하기 위해 노력했다.
　그 결과 부기(2급)와 주산(2급) 그리고 타자(3급)와 펜글씨를 익혔으며 상업계 출신에게 부족한 일반 교양 과목도 폭넓게 수용한 편이라고 자부하고 싶다.

▶ 자기소개서를 요구하는 이유
○ 성장 과정을 알기 위하여
○ 지망 동기를 알기 위하여
○ 장래 희망을 알기 위하여
○ 문장력과 필체를 보기 위하여

▶ 자기소개서 작성시 주의할 점
○ 면접할 때 다시 질문을 받으므로 과장되거나 거짓된 내용은 피한다.
○ 과다한 수사법이나 너무 추상적인 표현은 피한다.
○ 밝고 긍정적인 인생관으로 자신을 소개한다.

※ 엷게 처리된 글씨 위에 직접 써 봅시다.

이 력 서

사 진	성 명	이 재 원	인	주민등록번호 751003 - 2654213

생년월일 서기 1975년 10월 3일생 (만 17세)

주 소	경기도 부천시 중동 321번지 5통 2반
호적관계	호주와의관계: 자(장남)　호주성명: 이 규 석

년 월 일	학 력 및 경 력 사 항	발 령 청
1987	강릉 중학교 입학	
1990	강릉 중학교 졸업	
1990	수원 상업 고등학교 입학	
1993	수원 상업 고등학교 졸업 예정	
	특 기 사 항	
1991	주산 검정 1급 합격	상공회의소
1992	부기 검정 2급 합격	상공회의소
1992	펜글씨 검정 2급 합격	대한글씨검정 교육회
	위와 같이 틀림없음	
	1993년 2월 15일	
	이 재 원	

✦ 전국 글씨 기능 검정 시험 요강 ✦

문교부 허가 본회 주최 제　회 전국 글씨 기능 검정 시험을 아래와 같이 시행함.

1. 목　　적 : 자기의 글씨 기능을 객관적으로 평가 받음으로써 글씨에 대한 올바른 인식과 급수 등급에서 오는 학습 의욕을 북돋우며 행정 사무 각 분야에서 필요 불가결인 글씨의 중요성을 인식케 하여 사회적으로 인정받는 계기를 마련하고 글씨 기능의 진흥에 따른 국민 정서의 순화와 민족 문화의 계승 및 청소년의 민족 주체 의식을 고취 앙양시키는 데 있음.
2. 실시 지역 : 전국 일원(단체 200명 이상은 단체측의 편리한 일자 및 장소에서 실시할 수 있음)
3. 참가 범위 : 국민학생, 중학생, 고등학생, 대학생 및 일반인
4. 합격증 수여 : 지망한 급수 범위 합격자에 한하여 합격증을 30일 이내 발급함.
5. 대회 종목 :

종 별	구　　분	지원 급수	지참 도구	비　　　고
펜글씨	1. 한글부 (초급) 2. 혼용부 (중·상급)	초급 : 9~7급 중급 : 6~4급 상급 : 3~1급	펜 잉크 받침	각급 모두 볼펜과 만년필은 허용하지 않음. 소정 시험지 배부

✦ 펜글씨 기능 검정 시험 기준표 ✦

급수 구분	능력 정도	출　제　내　용
초 급 (7~9급)	초보적인 기초 능력을 갖춘 정도의 한글	1.2cm 방안지에 40자 정도 (한글 정자) 1.2cm 가로괘지에 80자 정도 문장 (한글 정자) 1.2cm 가로괘지에 숫자 쓰기
중 급 (4~6급)	바른 기초 수련을 거쳐 일반적인 능력을 갖춘 정도 (국한 혼용)	1.0cm 방안지에 20자 정도 (한글 흘림) 1.0cm 방안지에 20자 정도 (한글 흘림) 1.0cm 가로괘지에 80자 정도 문장 (한자 20자 포함), 정자 1.0cm 세로괘지에 50자 정도 문장 (한글 흘림), 일반 서식
상 급 (1~3급)	서사 능력이 우수하여 사무 능력과 지식을 갖춘 정도 (국한 혼용)	무괘지에 가로 문장 쓰기 100자 정도 (한자 30자 포함), 정자 무괘지에 가로 문장 쓰기 80자 정도 (한글 및 한자 흘림체) 무괘지에 세로 문장 쓰기 70자 정도 (서체 자유), 일반 서식

※ 시험지 규격 : 모조 9 절　　　　제한 시간 : 40분

시행 기관 : 문교부 허가

사단법인 대한 글씨 검정 교육회